7,50

Liliane Otal

Connaître la cuisine à la plancha

Photographies de Pierre Bordet

ÉDITIONS SUD OUEST

LE MARQUIER

Introduction

La *plancha* est un mot espagnol qui peut se traduire littéralement par « plaque ». On désigne habituellement par plancha à la fois l'instrument et le mode de cuisson.
La cuisson se fait sur une plaque de métal chauffée par un brûleur alimenté par une bouteille de gaz. Il existe également des planchas électriques, moins courantes.

La plancha est extrêmement utilisée en Espagne dans les bars à tapas et les restaurants. La grande majorité des bars dispose d'une plancha qui leur sert à faire cuire toutes sortes de tapas : gambas à l'ail, moules, anchois frais, *pulpitos* (petites seiches), *chistorra* (sorte de chorizo à cuire), champignons à l'huile d'olive, *pan con tomate* (pain frotté à l'ail et à la tomate, chauffé à la plancha, puis recouvert d'une tranche de jambon)…
Ceux qui connaissent ces établissements ont pu apprécier l'utilisation de la plancha, qui est souvent visible par les clients du bar.
Les restaurants espagnols affectionnent particulièrement ce mode de cuisson pour la préparation de plats plus prestigieux : langoustines, darnes de merlu, parilladas de poissons et de crustacés, côtes de bœuf…

Mais la plancha n'est pas réservée aux professionnels : elle a depuis bien longtemps conquis les particuliers.
Elle permet de cuisiner à l'extérieur : c'est donc un mode de cuisson qui peut s'apparenter au barbecue, tout en présentant de grandes différences. La préparation des braises du barbecue est un travail long et minutieux qui oblige à programmer très précisément l'heure du repas ; l'éventuel retard des invités peut gâcher la réussite de la soirée. Si la viande est placée trop près des braises, elle sera brûlée ; si elle est placée trop loin, elle sera mal cuite et dure.
La cuisson à la plancha échappe aux rumeurs d'effets cancérigènes réservés à la cuisson au charbon de bois. Elle possède des qualités diététiques évidentes : peu ou pas de matières grasses.

Évidemment, cette méthode de cuisson convient mieux aux périodes estivales qui permettent de profiter de journées ensoleillées et de douces soirées . La plancha sera installée dans le jardin ou sur la terrasse, à proximité des convives, ce qui permettra au cuisinier de profiter de la présence de ses invités.

Le B.A.-BA de la plancha

La plancha est en métal : en acier, en fonte ou en inox. Quel que soit le matériau choisi, il est important qu'il soit **inoxydable** ; en effet, la plaque, qui a vocation à rester dehors, tout au moins durant une partie de l'année, ne doit pas rouiller.
Sous la plaque se trouvent un ou plusieurs brûleurs à gaz, alimentés par une bonbonne de gaz qui doit être placée à proximité.
Certaines planchas, en général plus petites, sont équipées d'un branchement électrique.
La plaque et le brûleur reposent sur une structure métallique qui peut se poser sur un support (table, construction en briques…) ou être intégrée dans un chariot équipé spécialement.
Les graisses de cuisson sont récupérées dans une **gouttière**.
Les fabricants de planchas proposent des « cloches à cuire » qui peuvent recouvrir les aliments qui cuisent à la plancha. Ce mode de cuisson se rapproche alors de la cuisson au four.
Il ne m'est pas apparu opportun de donner des recettes pour ce type d'utilisation qui ne présente pas les qualités de la véritable cuisine à la plancha.

ci-contre Plancha avec sa plaque en fonte émaillée

Plancha à poser ou à encastrer dans une maçonnerie

L'achat et l'installation

Il est aisé de se procurer une plancha dans des magasins spécialisés ou notamment dans des magasins de ferronnerie.

Une plancha intégrée dans un **chariot** est plus facile à installer, à déplacer et à ranger dans un débarras ou un garage quand la saison ne permet plus son utilisation.

Si vous optez pour une plancha sans chariot, il est important de l'installer sur un support stable qui supporte la chaleur.

Dans tous les cas, il est important que la plancha soit installée sur un sol plat.

Comme pour toutes les installations au gaz, il est indispensable de s'assurer de la **sécurité** des branchements : tuyau et détendeur en bon état.

Comment l'utiliser ?

La plancha permet de cuisiner pour deux personnes comme pour un grand nombre d'invités : menus festifs entre amis ou habitudes alimentaires quotidiennes, la plancha peut se substituer à tout autre mode de cuisson.

Son utilisation est très simple et ne nécessite pas de qualités particulières. Les recettes à réaliser à la plancha sont **rapides** : souvent la cuisson ne dépasse pas quelques minutes.

Elle vous permettra de cuisiner aussi bien le poisson, la viande, les légumes que les fruits.

Les **ustensiles** à utiliser sont essentiellement :

– une spatule,

– une pince,

– une fourchette à long manche pour éviter de se brûler.

Pour utiliser correctement une plancha, il vous suffira de suivre les recommandations du fabricant et les quelques conseils suivants.

Plancha avec sa plaque en fonte émaillée sur chariot

Quelques conseils d'utilisation

Il est recommandé de ne pas utiliser une plancha par grand vent (sauf les planchas électriques), car bien que généralement équipée d'un système de sécurité, les flammes pourraient s'éteindre. D'autre part, le vent diminuera la puissance de chauffe et altérera la cuisson.

Il faut **huiler légèrement** la plancha avant son utilisation : il est préférable d'utiliser de l'huile plutôt que du beurre qui a tendance à brûler à forte température. Le beurre peut être employé en fin de cuisson ou présenté à table sous forme aromatisée (beurre persillé, beurre à l'anchois, etc.; voir recettes). On peut huiler la plancha avec un pinceau ou un tampon en tissu ou en papier absorbant.

La plancha doit être très chaude : les aliments n'attacheront pas. Il faut donc prendre les précautions d'usage en présence d'une source de chaleur (proximité des enfants...). Les planchas sont pour la plupart équipées d'un ou de deux boutons régulateurs pour hausser ou baisser l'intensité des flammes ou de la puissance électrique. Je conseille pour ma part de porter la plancha à haute température et de l'y laisser du début à la fin de la cuisson, car **les aliments rapidement saisis sont plus savoureux**. Bien évidemment, si la puissance de chauffe de la plancha est trop puissante, les aliments peuvent brûler et noircir très rapidement. Il vous appartient donc d'apprendre à connaître votre plancha et de réguler son intensité pour obtenir des grillades bien dorées.

Les aliments doivent être à température ambiante ; il est donc recommandé de les **sortir du réfrigérateur** au moins 1 heure avant leur utilisation. La cuisson sera ainsi plus uniforme.

Les aliments ne doivent pas être humides. Il faut donc bien **essuyer les poissons** ou les légumes que l'on vient de laver.
Il ne faut **saler les viandes qu'à la fin de la cuisson** afin que le jus ne s'écoule pas. En revanche, les légumes peuvent être salés avant: ils s'attendriront et cuiront plus facilement.
La viande ne doit pas être découpée immédiatement à la fin de cuisson ; il est préférable de la laisser **reposer quelques minutes**, recouverte d'un papier aluminium. Libéré de la pression de la cuisson, le jus se répartira dans toutes les fibres. De plus, la chaleur pénétrera uniformément la pièce de viande de l'extérieur vers l'intérieur.

Il faut éviter de se servir d'un couteau directement sur la plancha. Les aliments doivent être découpés si nécessaire et prêts à la cuisson avant d'être mis sur la plancha. Pour s'assurer de la cuisson d'une pièce de viande par exemple, il vaut mieux la retirer de la plancha et la poser sur une assiette pour l'entailler. De cette façon, vous éviterez d'une part de vous brûler et d'autre part d'abîmer la surface de la plancha.

La cuisson à la plancha étant souvent rapide, il est indispensable de **se munir de tous les ingrédients nécessaires avant de commencer** (assaisonnements, aromates...), d'avoir à portée de main tous les ustensiles (spatules, plats...) et de préparer à l'avance les accompagnements (salades, légumes, pain grillé). Bien évidemment, les convives doivent être prêts à se mettre à table.

L'entretien

Il existe plusieurs méthodes pour nettoyer une plancha, mais dans tous les cas, le nettoyage doit se faire quand **la plancha est éteinte, mais encore chaude**.
> On peut verser un verre d'eau ou jeter des glaçons dessus et gratter les résidus avec une raclette ou une spatule.
> On peut aussi parsemer la plancha de gros sel et frotter avec une boule de papier journal.
> Pour ma part, j'estime que la meilleure méthode est de verser du **vinaigre d'alcool** sur la plancha et de racler les résidus. Le vinaigre nettoie et enlève les odeurs de cuisson. Il n'y aura donc aucun problème pour faire cuire des côtes d'agneau après des gambas.

Il est inutile de gratter trop énergiquement la plancha, qui peu à peu se culottera.
Après chaque nettoyage, on peut l'huiler légèrement. Cette opération est facultative, si on le fait avant toute cuisson.
Par ailleurs, il faut veiller à **bien nettoyer la gouttière de récupération des graisses et des jus de cuisson**. Si elle est démontable, il est facile de la passer sous l'eau, sinon il suffit de la nettoyer avec un chiffon humide.

Si la plancha reste dehors pendant la période estivale, il faut l'équiper d'un **couvercle étanche**. Vous pourrez soit acheter un couvercle adapté, soit en bricoler un.
Il est tout de même plus prudent de la mettre à l'abri, sous un auvent ou dans un garage.
Si la plancha est inutilisée pendant une longue période (notamment l'hiver), il faut l'huiler et la ranger à l'intérieur.

La cuisine à la plancha

On peut pratiquement tout cuisiner à la plancha: la viande, le poisson, les crustacés, les légumes et les fruits.
De plus, on pourra cuisiner **en même temps la viande ou le poisson et son accompagnement**: on peut faire cuire ensemble du thon et des piments, des calamars et des tomates, des côtes de porc et des pommes ou du poulet et des oignons...

Les recettes sont en général simples, car la cuisson à la plancha rendra à un simple morceau de bœuf ou à des légumes de saison toutes leurs saveurs et leurs arômes naturels. Il est donc

inutile de chercher à sophistiquer les préparations.
En revanche, on peut aromatiser les aliments, avant, pendant ou après la cuisson, grâce aux **marinades**, aux **aromates**, aux **sauces** et aux **condiments**.

Les marinades (voir p. 10)

Une grande variété de saveurs peut être apportée aux aliments grâce aux macérations.
Les marinades sont faciles à réaliser, il faut juste prévoir quelques heures d'attente avant la cuisson.
Selon le produit à préparer, la marinade sera différente : le poisson s'accommode très bien des parfums citronnés, la viande préférera l'ail et les alcools.
Ces préparations peuvent être originales et exotiques, allier le salé et le sucré, ou se suffire d'une bonne huile d'olive de première qualité associée à de l'ail odorant.

Les aromates et les épices

Les aromates peuvent être utilisés avant, pendant ou après la cuisson.
Il est certes préférable d'employer des herbes fraîches, notamment le persil, le basilic, l'estragon ou la coriandre : elles diffusent un arôme bien plus fort et agréable.
Mais certaines herbes sèches conviennent tout aussi bien, notamment les mélanges d'herbes de Provence ou les herbes corses dites du maquis.

Quant aux épices, le choix est large et chacun peut y trouver son compte : les amateurs de cuisine piquante seront généreux avec le piment de Cayenne ou d'Espelette, ceux qui préfèrent les goûts plus exotiques auront le choix entre le cumin, le curry et le colombo. Les plus classiques se contenteront de poivre noir ou blanc. La liste n'est ni limitative ni exhaustive.

Daniel, patron du restaurant Rancho Grande, à Tudela en Navarre (Espagne), préparant un « pan con tomate y jamon » à la plancha

La plancha du restaurant La Cucaracha, à Bidart en Pays basque

Les sauces et les assaisonnements (voir p. 14)

Les simples assaisonnements comme la fleur de sel et le poivre du moulin peuvent suffire à eux seuls à aromatiser un aliment. De la même façon, certains limiteront les assaisonnements à un trait de vinaigre balsamique ou à un jus de citron. Mais si vous souhaitez apporter un peu d'originalité à vos repas, ce livre vous fournira différentes recettes de sauces froides et chaudes.
Je vous invite à redécouvrir les beurres aromatisés pour accompagner les viandes ou les légumes : beurre d'anchois, beurre à l'oignon rose…
Les sauces chaudes pourront napper les plats ou être proposées à part en saucière : sauce verte, sauce au roquefort, sauce au beurre citronné…

Plancha en inox

Les condiments

Tous les condiments seront les bienvenus pour accompagner les grillades à la plancha : moutarde, ketchup, cornichons, *guindillas* (piments au vinaigre), petits oignons, chutneys…

Le bœuf

Cette viande se prête très bien à la cuisson à la plancha. La cuisson à forte température la rend plus savoureuse.

Pour être tendre, le bœuf doit être consommé de 8 à 10 jours minimum après l'abattage de l'animal ; l'aspect de la viande sera légèrement foncé.

Bien que les morceaux maigres comme le tournedos soient toujours très tendres, il est préférable de cuire à la plancha les pièces de bœuf comportant un peu de gras qui assurera une saveur plus intense et évitera que la viande se dessèche lors de la cuisson (côtes, entrecôtes…).

Comme pour toutes les viandes, il faut bien évidemment la laisser reposer avant de la consommer.

Le veau

Le veau est une viande maigre qui peut avoir tendance à perdre de sa tendreté lors d'une cuisson à forte température. Il est donc préférable de choisir des morceaux un peu gras comme les tendrons ou d'associer la viande de veau à d'autres ingrédients. Vous trouverez dans ce livre des recettes associant des escalopes de veau à des tranches de jambon.

Le porc

Par sa variété et sa composition, le porc s'adapte très bien à la cuisine à la plancha.

Il peut être cuisiné sous toutes ses formes : boudins, chorizo, saucisses, jambon, poitrine fumée, côtelettes…

Les recettes proposées dans ce livre sont nombreuses et variées : côtes de porc marinées, *lomo* aux poivrons, filet mignon bardé, travers de porc au miel…

L'agneau et le mouton

C'est certainement avec ces viandes que les grillades à la plancha sont les plus réussies.
Nulle autre recette ne vous permettra d'obtenir un meilleur résultat que les simplissimes côtes d'agneau marinées à l'ail et à l'huile d'olive servies bien grillées.
L'agneau et le mouton sont les viandes favorites des Espagnols qui les préparent de multiples et divines façons.
Contrairement aux autres viandes, l'agneau et le mouton doivent être servis immédiatement après la cuisson, car la graisse fige vite en donnant un aspect peu plaisant et en altérant le goût.

La volaille

Les volailles de grande taille comme le poulet et le canard ne peuvent être cuisinés à la plancha que découpés en morceaux.
Les morceaux de poulet se prêtent bien aux marinades et aux sauces épicées et s'accommodent parfaitement à ce mode de cuisson: blancs de poulet au citron, au curry ou en persillade, ailes de poulet au miel...
La plancha est recommandée pour préparer les magrets de canard: la peau sera croustillante et le maigre sera tendre et juteux.
Ce livre vous donnera également des idées pour cuisiner les aiguillettes, les cœurs de canard et même le foie gras.

Le lapin

Le lapin découpé en morceaux et aromatisé donne également d'excellents résultats: lapin aux herbes, lapin au cumin.

Les poissons et les crustacés

La plancha amplifie les qualités aromatiques des poissons. Un poisson frais arrosé d'un filet d'huile d'olive et cuit simplement à la plancha donne un résultat incomparable.
Je vous invite malgré tout à découvrir quelques recettes plus élaborées qui diversifieront vos menus.
Les petits poissons comme les sardines, les anchois, les rougets ou les truites peuvent être cuisinés entiers. Un simple assaisonnement suffit à réussir la recette: citron, gros sel ou vinaigre.
Les poissons plus gros se préparent en filets, en tranches ou en médaillons et peuvent se cuisiner de différentes façons: thon aux piments et aux oignons, saumon au beurre citronné, merlu sauce verte, lotte au curry...
Il faut toujours manipuler les poissons avec précaution afin d'éviter de les briser, ce qui nuirait à l'uniformité de la cuisson et à l'esthétique de la présentation.
Pour éviter que le poisson attache, il suffit de bien huiler la plancha et de s'assurer qu'elle est bien chaude avant de le faire cuire.
Les fruits de mer comme les moules, les palourdes ou les gambas cuisent très vite à la plancha. En Espagne, les bars à tapas ainsi que les restaurants spécialisés dans les *mariscos* (fruits de mer) les préparent souvent de cette manière.
La *parillada* est également une spécialité typique des recettes à la plancha: elle consiste à proposer une grande variété de poissons et de crustacés cuits à la plancha (sardines, merlu, lotte, seiche, moules, gambas...).
C'est un plat unique et spectaculaire qui enchantera vos convives.

Les légumes

Pratiquement tous les légumes peuvent être cuits à la plancha, à l'exception des pommes de terre qui nécessitent une cuisson assez longue et qui supportent mal la cuisson à haute température sans matières grasses. La seule façon de les cuisiner à la plancha serait de les précuire à l'eau bouillante.
En revanche, les tomates, les courgettes, les aubergines, les poivrons et les oignons cuisent très bien à la plancha et peuvent être servis en accompagnement ou en entrée: poivrons aux lardons, tomates au thym, méli-mélo de légumes...
D'autres légumes moins courants sont tout aussi délicieux: asperges, aillets (ail frais)...
Les champignons sont également recommandés: escalopes de cèpes, champignons de Paris aux crevettes ou au citron.

Les fruits

Comme les légumes, les fruits peuvent être cuits à la plancha. Ils peuvent être servis en accompagnement de viandes dans des recettes salées-sucrées comme le jambon à l'ananas et les côtes de porc au tabasco et aux pruneaux, ou en desserts: brochettes de fruits, bananes alcoolisées...

Marinades

Préparation de la marinade chinoise

Marinade chinoise

Pour 6 personnes

Pas de cuisson

> 6 cuillères à soupe de sauce de soja
> 3 cuillères à soupe d'huile de noix
> 3 cuillères à soupe de vinaigre
> 1 cuillère à café de gingembre râpé
> 1 petit bouquet de persil haché
> poivre noir

Mélanger intimement tous les ingrédients. ¶ Cette marinade convient très bien aux poissons et aux crustacés ; elle peut également être utilisée pour le porc. ¶ Deux heures de marinade suffisent.

Marinade exotique

Pour 6 personnes

Pas de cuisson

> 1 verre et demi de jus d'ananas
> 2 cuillères à soupe d'huile
> 2 cuillères à soupe de vinaigre
> 2 gousses d'ail hachées
> sel, poivre

Mélanger intimement tous les ingrédients et laisser macérer les morceaux de viande, spécialement du porc, dans cette marinade, 2 heures avant la cuisson.

ci-contre

Préparation de la marinade exotique

Préparation de la marinade au miel

Marinade à l'ail et à l'huile d'olive

Pour 6 personnes

Pas de cuisson

> 4 gousses d'ail
> gros sel
> poivre noir
> 25 cl d'huile d'olive

Verser l'huile d'olive dans un saladier. ¶ Peler l'ail et retirer les germes. ¶ Tailler les gousses en lamelles et les mettre dans l'huile. Saler et poivrer généreusement. ¶ Cette marinade peut être utilisée pour enduire les viandes de mouton, d'agneau ou de porc ainsi que les gambas, 3 heures avant la cuisson.

Marinade au miel

Pour 6 personnes

Pas de cuisson

> 2 cuillères à soupe d'huile
> 2 cuillères à soupe de vinaigre
> 1 cuillère à café de concentré de tomate
> 2 cuillères à soupe de sauce Worcestershire
> 2 cuillères à soupe de miel
> 1 cuillère à soupe de sauce de soja
> 1 pincée de piment en poudre
> 2 gousses d'ail hachées
> sel, poivre

Mélanger intimement tous les ingrédients. ¶ Cette marinade convient très bien aux travers de porc, aux aiguillettes de canard et aux ailes de poulet. ¶ Deux heures de marinade sont suffisantes.

Marinade piquante

Pour 6 personnes

Pas de cuisson

> 5 cuillères à soupe d'huile d'olive
> 5 cuillères à soupe de vinaigre
> 1 demi-cuillère à café de piment de Cayenne
> 2 gousses d'ail finement hachées
> quelques brins de persil finement hachés
> sel

Mélanger intimement tous les ingrédients et enduire viandes ou poissons 1 heure avant la cuisson.

Marinade au citron vert

Pour 6 personnes

Pas de cuisson

> 6 citrons verts
> sel
> poivre blanc

Conserver les zestes d'un citron, puis les presser tous. ¶ Ajouter les zestes au jus, puis saler et poivrer. ¶ Arroser les poissons 1/2 heure à 1 heure avant la cuisson selon leur épaisseur. ¶ Une marinade trop prolongée cuirait les poissons.

Marinade alcoolisée

Pour 6 personnes

Pas de cuisson

> 25 cl de rhum ou d'un autre alcool parfumé
> sel, poivre

Mélanger intimement tous les ingrédients. ¶ Faire mariner pendant 2 heures du porc ou du poulet avant la cuisson.

Préparation de la marinade orientale

Marinade au vin

Pour 6 personnes

Pas de cuisson

> 25 cl de vin rouge ou blanc
> 1 oignon émincé
> 1 carotte
> 2 gousses d'ail
> 2 feuilles de laurier
> 2 brins de thym
> sel, poivre

Verser le vin dans un récipient. ¶ Ajouter les gousses d'ail écrasées, l'oignon émincé, la carotte coupée en rondelles, le laurier et le thym. Saler et poivrer. ¶ Cette marinade, habituellement utilisée pour les plats mijotés, aromatise agréablement la viande cuite à la plancha. ¶ Le temps de marinade est de 4 heures.

Marinade orientale

Pour 6 personnes

Pas de cuisson

> 1 bouquet de coriandre hachée
> 4 gousses d'ail hachées
> 2 citrons pressés
> 1 cuillère à café de cumin
> 2 cuillères à café de piment doux
> 1/2 cuillère à café de piment fort
> 4 cuillères à soupe d'huile
> 4 cuillères à soupe d'eau
> sel

Mélanger intimement tous les ingrédients. ¶ Faire mariner le poisson 2 heures avant la cuisson.

Marinade au basilic

Pour 6 personnes

Pas de cuisson

> 25 cl d'huile d'olive
> 1 bouquet de basilic
> sel, poivre

Faire mariner le basilic dans l'huile d'olive au moins 24 heures. ¶ Enduire les viandes, volailles, poissons ou légumes de cette huile au basilic salée et poivrée pendant 2 heures avant la cuisson.

Sauces

Mayonnaise aux herbes

Aïoli

Pour 6 personnes

Pas de cuisson

> 6 gousses d'ail
> 1 jaune d'œuf
> 20 cl d'huile d'olive
> sel, poivre

Écraser soigneusement les gousses d'ail pelées au pilon dans un mortier. ¶ Ajouter le jaune d'œuf. Bien mélanger, puis incorporer peu à peu l'huile d'olive, sans cesser de remuer. ¶ Quand toute l'huile est incorporée, saler et poivrer. ¶ Cette sauce convient bien aux poissons, aux crustacés et aux légumes.

Mayonnaise aux herbes

Pour 6 personnes

Pas de cuisson

> 1 jaune d'œuf
> 20 cl d'huile de tournesol
> 1 cuillère à café de moutarde
> 1 cuillère à soupe de vinaigre
> 3 feuilles de basilic hachées
> 3 brins de persil hachés
> 3 brins de thym effeuillés
> sel, poivre

Mettre le jaune d'œuf dans un bol et le battre avec un fouet. ¶ Ajouter la moutarde et bien mélanger. ¶ Ajouter quelques gouttes d'huile et fouetter. ¶ Quand la mayonnaise prend, verser l'huile peu à peu en mince filet sans cesser de remuer avec le fouet. Ajouter le sel, le poivre, les aromates et le vinaigre. Bien mélanger. ¶ Le vinaigre peut être remplacé par la même quantité de jus de citron. ¶ Cette sauce convient aux poissons, crustacés, à la volaille et aux viandes blanches.

Sauce au roquefort

Pour 6 personnes

Temps de cuisson : 3 minutes (facultatif)

> 100 g de roquefort
> 3 cuillères à soupe de crème fraîche
> 1 jus de citron
> poivre

Écraser le roquefort à la fourchette avec le jus de citron jusqu'à obtenir une pâte homogène. Incorporer la crème fraîche et poivrer. ¶ Cette sauce peut se servir froide avec les légumes ou chaude avec les viandes et spécialement avec les viandes rouges.

Sauce BBQ

Sauce crémeuse à l'ail

Pour 6 personnes

Temps de cuisson : 10 minutes

> 4 gousses d'ail
> 1 citron
> 2 cuillères à soupe de mayonnaise
> 100 g de crème liquide
> 1 cuillère à café de paprika
> sel

Peler les gousses d'ail et les mettre dans une casserole. Couvrir d'eau et porter à ébullition. ¶ Laisser bouillir à petit feu pendant une dizaine de minutes. ¶ Égoutter les gousses d'ail et les écraser soigneusement au pilon. ¶ Ajouter le jus de citron, la mayonnaise, le sel et le paprika. Mélanger et réserver. ¶ Monter la crème liquide au batteur électrique, comme une chantilly. ¶ Incorporer délicatement la crème mousseuse à la sauce. ¶ Cette sauce accompagne très bien les viandes et plus particulièrement les viandes rouges.

Sauce BBQ

Pour 6 personnes

Pas de cuisson

> 2 cuillères à soupe de vinaigre
> 2 cuillères à soupe d'huile
> 3 cuillères à soupe de ketchup
> 1 cuillère à soupe de moutarde
> 1 cuillère à soupe de sucre
> 2 gousses d'ail finement hachées
> sel, poivre

Mélanger intimement tous les ingrédients et servir cette sauce bien froide avec toutes les viandes.

Beurre persillé

Beurre persillé

Pour 6 personnes

Pas de cuisson

> 1 petit bouquet de persil

> 2 gousses d'ail

> 150 g de beurre

> sel, poivre

Écraser au mortier les gousses d'ail et le persil préalablement haché. Ajouter le beurre, le sel et le poivre. Travailler au pilon pour obtenir une pâte. Mettre le beurre persillé dans un petit pot au frais. ¶ Ce beurre se marie très bien avec les viandes rouges.

Beurre d'anchois

Pour 6 personnes

Pas de cuisson

> 150 g d'anchois au sel

> 150 g de beurre

> poivre

Dessaler les anchois en les laissant tremper dans de l'eau claire pendant une dizaine de minutes. ¶ Bien les rincer. Retirer la queue et l'arête centrale. Les essuyer et les couper en morceaux. ¶ Piler au mortier les morceaux d'anchois et le beurre jusqu'à obtenir une pâte. ¶ Mettre le beurre d'anchois dans un petit pot au frais. ¶ Ce beurre se marie parfaitement avec les poissons et les légumes.

Beurre à l'oignon rose

Pour 6 personnes

Pas de cuisson

> 1 oignon rose

> 150 g de beurre

> sel, poivre

Écraser au mortier l'oignon préalablement haché. ¶ Ajouter le beurre, le sel et le poivre. ¶ Travailler au pilon pour obtenir une pâte. ¶ Mettre le beurre à l'oignon rose dans un petit pot au frais. ¶ Ce beurre se marie très bien avec les volailles, les poissons et les légumes.

Sauce au beurre citronné

Pour 6 personnes

Temps de cuisson : 5 minutes

> 100 g de beurre

> 3 citrons

> quelques brins de ciboulette

> sel

Presser les citrons et mettre le jus dans une casserole. ¶ Ajouter la ciboulette hachée et faire chauffer à feu doux pendant 3 minutes. ¶ Ajouter le beurre coupé en dés. ¶ Laisser fondre en remuant à feu doux pendant 2 à 3 minutes. ¶ Servir chaud avec du poisson. ¶ Cette sauce se sert liquide, mais il est possible de l'épaissir avec un peu de farine ou un jaune d'œuf.

Sauce tomate piquante

Pour 6 personnes

Temps de cuisson : 30 minutes

> 5 tomates bien mûres

> 1 oignon

> 1 gousse d'ail

> 1 morceau de sucre

> 1 petit bouquet de basilic

> 1 pincée de poudre de piment fort

> huile d'olive

> sel, poivre

Hacher grossièrement l'ail et l'oignon. Faire revenir ce hachis dans une cocotte avec un peu d'huile d'olive. ¶ Peler, épépiner et couper les tomates en cubes, puis les mettre dans la cocotte. ¶ Saler, poivrer, ajouter le morceau de sucre et une pincée de piment. ¶ Bien remuer et faire mijoter à feu doux pendant 1/2 heure. ¶ La sauce doit être bien épaisse. Froide ou chaude, elle accompagne les viandes, les volailles et les légumes.

Sauce au curry

Sauce au curry

Pour 6 personnes

Temps de cuisson : 10 minutes

> 2 oignons
> 2 cuillères à café de curry
> 2 cuillères à soupe de crème fraîche
> 1 demi-verre de vin blanc
> huile d'olive
> sel, poivre

Émincer les oignons et les faire revenir à la poêle avec un peu d'huile d'olive pendant 5 minutes à feu doux. ¶ Ajouter le curry et le vin blanc. ¶ Faire mijoter pendant 2 minutes. ¶ Ajouter la crème fraîche. Bien remuer, saler, poivrer et faire chauffer pendant 2 à 3 minutes. ¶ Servir cette sauce chaude avec du poisson ou de la volaille.

Sauce verte

Pour 6 personnes

Temps de cuisson : 10 minutes

> 1 bouquet de persil
> 2 gousses d'ail
> 25 cl de vin blanc
> 1 cuillère à café de farine
> sel, poivre

Hacher le persil et l'ail très finement, puis les faire revenir avec un peu d'huile d'olive à feu très doux pendant 1 minute. ¶ Saupoudrer de farine et mouiller avec le vin blanc. ¶ Saler et poivrer. ¶ Laisser mijoter doucement pendant une dizaine de minutes ¶ Servir cette sauce chaude avec du poisson.

en pages suivantes

Sauce verte

Entrées et légumes

Habanero

Pour 6 personnes

Temps de cuisson : 5 minutes

> 12 tranches de pain de mie
> 6 tranches de jambon sec
> 6 tranches fines de fromage type cheddar
> 6 œufs
> huile
> beurre
> sel, poivre

À l'aide d'un emporte-pièce ou d'un verre retourné, découper un cercle d'environ 3 cm de diamètre au milieu de 6 tranches de pain de mie. ¶ Beurrer toutes les tranches de pain (y compris celles trouées) sur les deux faces et poser les 6 tranches entières sur la plancha. ¶ Au bout de quelques secondes, les retourner et déposer sur chaque tranche de pain une tranche de jambon et une de fromage. ¶ Déplacer les tranches de pain ainsi garnies sur un côté de la plancha et faire cuire les œufs sur la plancha bien huilée pendant 3 minutes environ. ¶ Quand les œufs sont cuits, mettre les tranches de pain sur un plat et déposer un œuf sur chacune d'elles. ¶ Faire dorer les tranches de pain de mie trouées quelques secondes de chaque côté, puis les déposer sur les habaneros de façon à ce que seuls les jaunes d'œuf apparaissent. ¶ Servir sans attendre. ¶ Selon les dimensions de la plancha et le nombre de personnes, ce plat devra être réalisé en une ou deux fois.

Tartines aux anchois

Pour 6 personnes

Temps de cuisson : 5 minutes

> 6 tranches de pain de campagne
> 2 boîtes de filets d'anchois à l'huile
> 3 tomates
> 6 tranches fines de gruyère
> 1 branche de thym

Mettre les filets d'anchois avec leur huile dans un mortier et les écraser grossièrement au pilon. ¶ Couper les tomates en rondelles. ¶ Poser en même temps les tranches de pain de campagne et les rondelles de tomate sur la plancha. Au bout de quelques secondes, retourner les tranches de pain et les tartiner d'anchois écrasés. ¶ Les recouvrir d'une fine tranche de fromage. ¶ Laisser cuire les tomates 2 minutes de chaque côté, puis poser 3 rondelles sur chaque tartine. ¶ Parsemer de thym effeuillé et servir.

Tartines au poulet et au serrano

Tartines au poulet et au serrano

Pour 6 personnes

Temps de cuisson : 7 minutes

> 6 tranches de pain de mie
> 3 blancs de poulet
> 6 tranches de jambon serrano
> 2 gousses d'ail
> 6 piments au vinaigre
> huile d'olive
> paprika
> sel

Couper les blancs de poulet en lanières et les mettre dans un plat. ¶ Ajouter les gousses d'ail passées au presse-ail, le sel et le paprika. ¶ Bien mélanger et laisser reposer 1/2 heure. ¶ Faire cuire les lanières de poulet à la plancha en remuant fréquemment pendant 5 minutes. ¶ Quand le poulet est cuit, le réserver dans un coin de la plancha. ¶ Poser les tranches de serrano à peine quelques secondes de chaque côté, puis les réserver avec le poulet. ¶ Verser un filet d'huile d'olive sur chaque tranche de pain de mie et les poser sur la plancha pour les faire dorer quelques secondes de chaque côté, puis les aligner sur un plat. ¶ Mettre une tranche de jambon sur chaque tartine, puis couvrir de lanières de poulet. ¶ Ajouter un piment au vinaigre et servir.

ci-contre
Méli-mélo de légumes

en pages suivantes
Habanero

Taloa

Tartines au chorizo

Pour 6 personnes

Temps de cuisson : 4 minutes

> 6 tranches de pain de campagne
> 18 tranches de chorizo
> 18 petits piments doux
> sel

Choisir un gros chorizo d'environ 8 cm de diamètre et le couper en tranches de 1 cm d'épaisseur. ¶ Faire dorer les tranches de pain à la plancha 2 minutes de chaque côté, puis les poser sur un plat. ¶ Mettre les piments sur la plancha et les faire cuire 2 minutes de chaque côté. Les saler. ¶ Une minute avant la fin de la cuisson des piments, faire cuire les tranches de chorizo à peine 30 secondes de chaque côté. ¶ Poser les tranches de chorizo sur le pain, puis les couvrir de piments.

Taloa

Pour 6 personnes

Temps de cuisson : 6 minutes

Le *taloa* est une recette typiquement basque de galette de farine de froment et de maïs.

> 300 g de farine de froment
> 300 g de farine de maïs
> 25 cl d'eau
> sel
> lard ou jambon ou graisserons ou fromage de brebis

Mélanger les deux farines dans un saladier. ¶ Ajouter deux bonnes pincées de sel. ¶ Verser l'eau et malaxer jusqu'à obtenir une pâte ferme. ¶ Former une boule et la laisser reposer pendant une heure. ¶ Diviser la boule en six parts égales, puis les étaler au rouleau à pâtisserie pour obtenir des galettes rondes assez épaisses. ¶ Faire cuire les taloa à la plancha 2 à 3 minutes de chaque côté. ¶ À côté, faire cuire les tranches de lard ou de jambon. ¶ Servir les taloas comme des crêpes avec du lard, du jambon, des graisserons ou du fromage de brebis.

Manchego à la plancha

Pour 6 personnes

Temps de cuisson : 1 minute

Le manchego est un fromage espagnol à pâte dure de la région de la Mancha.

> 6 tranches assez épaisses de manchego
> 2 barquettes de mâche
> huile d'olive
> vinaigre de Jerez
> sel, poivre

Assaisonner la salade de mâche d'huile d'olive, de vinaigre de Jerez, de sel et de poivre. ¶ Bien mélanger et servir une portion de salade dans chaque assiette. ¶ Poser les tranches de fromage sur la plancha et les faire chauffer 30 secondes de chaque côté. ¶ Déposer les tranches de fromage sur la salade et servir.

> Tostadas mexicaines

> Manchego à la plancha

Tostadas mexicaines

Pour 6 personnes

Temps de cuisson : 10 minutes

> 6 tortillas mexicaines à acheter dans le commerce (galettes de blé ou de maïs)
> 600 g de crevettes décortiquées (surgelées)
> 2 gousses d'ail hachées
> 1 petit bouquet de persil
> 1/2 cuillère de cumin
> 3 cuillères d'huile d'olive
> 1 tomate
> quelques feuilles de laitue
> huile
> sel, poivre

Couper la tomate en dés et tailler les feuilles de laitue en fines lanières. ¶ Mettre les crevettes dans un saladier avec les gousses d'ail et le persil hachés. ¶ Saupoudrer de cumin, de sel, de poivre et arroser d'huile d'olive. ¶ Bien mélanger et laisser macérer pendant 1/2 heure avant la cuisson. Utiliser la moitié de la plancha pour faire chauffer les tortillas, environ une minute de chaque côté, et l'autre moitié de la plancha pour faire cuire les crevettes bien égouttées pendant 5 minutes, en remuant souvent. ¶ Mettre les tortillas dans un grand plat ou directement dans l'assiette des convives. ¶ Disposer les crevettes sur chaque tortilla. ¶ Servir les dés de tomate et les lanières de laitue dans un plat à part. Chacun se servira. ¶ Proposer à vos convives une sauce à la tomate piquante pour accommoder ce plat (voir la recette dans le chapitre des sauces).

Pan con tomate

Pour 6 personnes

Temps de cuisson : 2 minutes

> 6 grandes tranches de pain de campagne
> 6 tranches de jambon sec
> 2 gousses d'ail
> 1 tomate
> huile d'olive
> gros sel

Poser les tranches de pain sur la plancha une minute de chaque côté. ¶ Les frotter avec une gousse d'ail, puis avec la tomate coupée en deux. ¶ Ajouter quelques grains de gros sel et quelques gouttes d'huile d'olive. ¶ Poser la tranche de jambon sur le pain encore chaud. ¶ Servir aussitôt. La chaleur du pain doit faire suer légèrement le jambon. ¶ Variante : en même temps que le pain, on peut également faire cuire le jambon à la plancha).

en pages suivantes

Pan con tomate

Los Navarros de Jabugo
Jabugo
FABRICA DE EMBUTIDOS Y JAMONES

IBERICO

de haut en bas

>Boudin croustillant

>Chistorra

>Poivrons aux lardons

Boudin croustillant

Pour 6 personnes

Temps de cuisson : 6 minutes

> 6 boudins noirs

> 1 baguette de pain

> moutarde

Couper les boudins en tranches épaisses. ¶ Faire cuire les tranches de boudin à la plancha 3 minutes de chaque côté. ¶ Deux minutes avant la fin de la cuisson, couper la baguette en tranches et les faire chauffer sur la plancha. ¶ Tartiner légèrement le pain de moutarde. ¶ Poser une tranche de boudin bien croustillante sur chaque tartine de pain et la maintenir avec une pique en bois. ¶ Servir à l'apéritif.

Chistorra

Pour 6 personnes

Temps de cuisson : 8 minutes

La *chistorra* est une saucisse fine rouge, une sorte de chorizo à cuire.

> 600 g de chistorra

> 1 baguette de pain

Couper la chistorra en tronçons de 2 cm de longueur. ¶ Les faire cuire à la plancha environ 8 minutes en les retournant souvent. ¶ Deux minutes avant la fin de la cuisson, couper la baquette en tranches et les faire chauffer sur la plancha. ¶ Poser un morceau de chistorra sur chaque tartine de pain et le maintenir avec une pique en bois. ¶ Servir à l'apéritif.

Poivrons aux lardons

Pour 6 personnes

Temps de cuisson : 15 minutes

> 2 poivrons rouges

> 2 poivrons verts

> 3 oignons

> 200 g de lardons

> huile d'olive

> sel, poivre

Tailler les poivrons en fines lanières. ¶ Émincer les oignons. Les mettre dans un plat et ajouter les lardons. ¶ Saler, poivrer et arroser d'un filet d'huile d'olive. ¶ Bien mélanger et verser le tout sur la plancha. ¶ Faire cuire pendant un quart d'heure en remuant souvent à la spatule. ¶ Ce plat peut se servir en entrée, en accompagnement ou en tapas sur des petites tartines de pain grillé.

Champignons au citron

Pour 6 personnes

Temps de cuisson : 10 minutes

- > 800 g de champignons de Paris
- > 1 gousse d'ail
- > 1 citron
- > 3 cuillères à soupe d'huile d'olive
- > 1/2 baguette de pain
- > gros sel
- > poivre

Laver les champignons de Paris et les essuyer. ¶ Séparer les têtes des queues ; ne conserver que les têtes. ¶ Faire cuire les têtes des champignons des deux côtés pendant quelques minutes. ¶ Pendant ce temps, faire une émulsion en mélangeant vigoureusement l'huile d'olive et le jus d'un demi-citron. ¶ Poivrer et ajouter la gousse d'ail hachée. ¶ Aligner les têtes des champignons sur la plancha, la partie creuse sur le dessus. ¶ Verser quelques gouttes de l'émulsion obtenue sur chaque champignon. ¶ Saler au gros sel. ¶ Servir sur des petites tartines de pain grillé.

Champignons aux crevettes

Pour 6 personnes

Temps de cuisson : 5 minutes

- > 1 douzaine de gros champignons de Paris
- > 600 g de petites crevettes décortiquées (surgelées)
- > 3 gousses d'ail
- > quelques brins de persil
- > huile d'olive
- > sel, poivre

Nettoyer les champignons de Paris et retirer les queues. ¶ Hacher l'ail et le persil. ¶ Faire cuire simultanément à la plancha les têtes de champignons et les crevettes. ¶ Parsemer les crevettes d'ail et de persil hachés, saler puis arroser d'un filet d'huile d'olive. Mélanger souvent. ¶ La cuisson dure environ 5 minutes. ¶ À mi-cuisson, retourner les champignons. ¶ Mettre les têtes des champignons sur un plat et les remplir de crevettes. ¶ Servir deux champignons par personne. ¶ Proposer à vos convives un beurre à l'oignon rose pour accommoder ce plat (voir la recette dans le chapitre des sauces).

Champignons au citron

Champignons aux crevettes

Asperges au saumon fumé

Pour 6 personnes

Temps de cuisson : 30 minutes

> 30 asperges blanches fraîches
> 6 tranches de saumon fumé
> sel
> mayonnaise aux herbes (voir la recette p. 15)

Couper le bout des asperges et les peler en commençant par la pointe. ¶ Les plonger dans de l'eau bouillante salée pendant 25 minutes. ¶ Les égoutter et les laisser refroidir. Préparer une mayonnaise aux herbes et la réserver. ¶ Poser délicatement les asperges sur la plancha et les faire dorer 2 minutes de chaque côté. ¶ Mettre une tranche de saumon dans chaque assiette, puis y déposer 5 asperges dorées. ¶ Servir avec la mayonnaise aux herbes.

Aillets (ail frais)

Pour 6 personnes

Temps de cuisson : 4 minutes

L'aillet *(ajo fresco)* se consomme beaucoup en entrée dans le nord de l'Espagne. Sa préparation est rapide et simple.

> 3 petites bottes d'aillets
> huile d'olive
> gros sel

Défaire les bottes d'aillets et les nettoyer en retirant les premières feuilles. ¶ Huiler généreusement la plancha et faire cuire l'aillet 3 à 4 minutes en remuant souvent. ¶ Saler au gros sel et servir immédiatement.

Rondelles d'oignons

Pour 6 personnes

Temps de cuisson : 5 minutes

> 1 kg d'oignons
> huile d'olive
> gros sel

Peler les oignons et les couper en fines rondelles. ¶ Les mettre dans un plat et arroser d'huile d'olive. ¶ Bien mélanger. ¶ Prélever les rondelles d'oignon avec une écumoire et les faire cuire à la plancha pendant 5 minutes en remuant souvent. ¶ Saler au gros sel en fin de cuisson et servir. ¶ Proposer à vos convives un beurre d'anchois pour accommoder ce plat (voir la recette dans le chapitre des sauces).

> Asperges au saumon fumé
> Aillets (ail frais)

Rondelles d'oignons

Méli-mélo de légumes

Méli-mélo de légumes

Pour 6 personnes

Temps de cuisson : 15 minutes

> 1 aubergine
> 1 courgette
> 1 poivron rouge
> 1 poivron vert
> 1 poivron jaune
> 2 oignons
> 2 tomates
> thym
> huile d'olive
> sel, poivre

Couper tous les légumes en gros cubes et les mettre à cuire à la plancha. ¶ Saler, poivrer, parsemer de thym effeuillé et arroser d'un filet d'huile d'olive. ¶ Mélanger souvent à la spatule en cours de cuisson. ¶ Quand tous les légumes sont bien tendres, les mettre dans un plat et servir aussitôt. ¶ Proposer à vos convives une bonne huile d'olive à ajouter froide sur le méli-mélo de légumes.

Escalopes de cèpes

Pour 6 personnes

Temps de cuisson : 4 minutes

> 1 kg de cèpes
> gros sel
> huile d'arachide

Nettoyer les cèpes sans les mouiller, en les essuyant soigneusement avec un torchon. ¶ Séparer les queues des têtes (ou chapeaux). ¶ Réserver les queues pour une autre recette. ¶ Trancher les têtes des champignons en escalopes assez épaisses. ¶ Enduire très légèrement au pinceau les escalopes de cèpes avec de l'huile. ¶ Les déposer délicatement sur la plancha et les faire cuire 2 minutes de chaque coté. ¶ Assaisonner au gros sel et servir.

Tomates au thym

Tomates au thym

Pour 6 personnes

Temps de cuisson : 10 minutes

> 12 petites tomates
> quelques branches de thym
> sel, poivre

Couper les tomates en deux et les poser sur la plancha d'abord côté chair. ¶ Les laisser cuire 3 minutes, puis les retourner délicatement. ¶ Parsemer de thym effeuillé, saler et poivrer. ¶ Terminer la cuisson en les laissant sur le côté peau. ¶ Les poser soigneusement dans un plat. ¶ Proposer à vos convives une bonne huile d'olive fruitée.

Piments entiers au gros sel

Pour 6 personnes

Temps de cuisson : 5 minutes

> 1 kg de petits piments verts doux
> gros sel

Laver et essuyer les piments. ¶ Les faire cuire à la plancha environ 5 minutes en les retournant de temps en temps. ¶ En fin de cuisson, saler au gros sel. ¶ Servir bien chauds. ¶ Si les piments sont petits, ils peuvent être servis à l'apéritif et dégustés avec les doigts.

Piments entiers au gros sel

Aubergines

Pour 6 personnes

Temps de cuisson : 10 minutes

> 6 aubergines
> 2 gousses d'ail
> quelques brins de persil
> sel, poivre

Couper les aubergines en tranches épaisses et les aligner dans un plat. ¶ Saler abondamment et laisser dégorger une bonne heure. ¶ Les rincer et les plonger dans de l'eau bouillante pendant 3 minutes. ¶ Les égoutter soigneusement sur du papier absorbant. ¶ Poser les tranches d'aubergines sur la plancha et les faire cuire 2 à 3 minutes de chaque côté, en les retournant à la spatule avec précaution. ¶ Les mettre dans un plat. ¶ Saler, poivrer et parsemer de persil et d'ail cru très finement hachés.

Aubergines

Poissons et crustacés

Moules

Pour 6 personnes

Temps de cuisson : 5 minutes

> 1 kg de grosses moules
> 1 petit bouquet de persil

Nettoyer soigneusement les moules et les jeter directement sur la plancha sans autre préparation ni assaisonnement. ¶ Dès qu'elles sont bien ouvertes, parsemer de persil haché, les retirer de la plancha et les servir. ¶ Cette recette simplissime est un grand classique des bars à tapas et des restaurants de *mariscos* (fruits de mer).

Paloudes à la coriandre

Pour 6 personnes

Temps de cuisson : 5 minutes

> 1 kg de palourdes
> 1 petit bouquet de coriandre

Nettoyer les palourdes et les faire ouvrir sur la plancha. ¶ Parsemer de coriandre fraîchement et finement hachée. ¶ Servir.

Homards au madère

Pour 6 personnes

Temps de cuisson : 13 minutes

> 6 homards
> 50 g de beurre
> 1 verre de madère
> 1 verre à liqueur de cognac
> 3 cuillères à soupe de crème fraîche
> 2 jaunes d'œuf
> sel, poivre

Plonger les homards vivants dans de l'eau bouillante pendant 2 minutes. ¶ Retirer les homards et les égoutter. ¶ Séparer les queues et les couper en deux dans le sens de la longueur. ¶ Les réserver. ¶ Casser les pinces et les coffres, puis en extraire les chairs et les hacher au couteau. ¶ Faire chauffer le beurre dans une poêle et y faire revenir les chairs hachées pendant 2 minutes. ¶ Ajouter le cognac et le madère. ¶ Laisser chauffer 2 minutes, puis verser la crème fraîche. ¶ Saler, poivrer et laisser mijoter à feu très doux. ¶ Pendant ce temps faire cuire les homards à la plancha côté chair durant environ 5 minutes. ¶ Au dernier moment, faire épaissir la sauce au madère en incorporant 2 jaunes d'œuf battus. Faire chauffer 1 minute sans laisser bouillir. ¶ Servir les homards nappés de sauce au madère.

de haut en bas

>Moules
>Palourdes à la coriandre
>Préparation du homard au madère

ci-contre

Gambas à l'ail

Langoustines

Langoustes

Pour 6 personnes

Temps de cuisson : 20 minutes

> 6 langoustes
> 60 g de beurre
> 2 gousses d'ail
> 1 oignon
> 2 citrons verts
> piment
> sel

Faire fondre le beurre à feu doux dans une casserole. ¶ Ajouter l'ail et l'oignon finement hachés, le sel, une pincée de piment et le jus des citrons verts. ¶ Conserver cette préparation à proximité de la plancha. ¶ Couper les langoustes vivantes en deux, et les poser côté chair sur la plancha. ¶ Les faire colorer pendant 2 minutes, puis les retourner et les poser côté carapace. ¶ Les faire cuire ainsi un quart d'heure. ¶ Badigeonner fréquemment de beurre fondu. ¶ Servir et consommer sans attendre. ¶ Il est préférable de faire cuire les langoustes en deux temps : une demi-langouste par convive à chaque cuisson.

Langoustines

Pour 6 personnes

Temps de cuisson : 5 minutes

> 30 langoustines moyennes
> sel, poivre
> sauce au beurre citronné (facultatif)

Rincer et essuyer les langoustines. ¶ Les couper en deux dans le sens de la longueur. ¶ Les disposer sur la plancha côté chair et les faire cuire pendant 2 minutes. ¶ Les retourner et les faire cuire 3 minutes de plus. ¶ Servir les langoustines nature ou accompagnées d'une sauce au beurre citronné (voir la recette dans le chapitre des sauces).

Gambas à l'ail

Pour 6 personnes

Temps de cuisson : 10 minutes

> 36 gambas
> 1/2 verre d'huile d'olive
> 4 gousses d'ail
> 1 piment piquant séché
> sel, poivre

Mettre l'huile dans un bol. ¶ Hacher les deux gousses d'ail et couper le piment en petits morceaux. ¶ Mettre ces ingrédients dans l'huile et laisser reposer 2 heures. ¶ Mettre les gambas dans cette marinade et les garder au frais pendant 2 heures. ¶ Égoutter les gambas et les faire cuire à la plancha en les retournant de temps en temps pendant une dizaine de minutes. ¶ Servir bien chaud.

Brochettes de gambas

Pour 6 personnes

Temps de cuisson : 10 minutes

> 36 gambas
> sauce au curry (voir la recette p. 17)

Préparer une sauce au curry et la garder au chaud. ¶ Piquer 6 gambas par brochette. ¶ Poser les brochettes bien à plat sur la plancha et les faire cuire 5 minutes de chaque côté. ¶ Les servir accompagnées de la sauce au curry.

Noix de coquilles Saint-Jacques

Pour 6 personnes

Temps de cuisson : 2 minutes

> 18 noix de coquilles Saint-Jacques
> fleur de sel
> piment d'Espelette
> 1 petit bouquet de coriandre

Faire cuire les noix de Saint-Jacques à la plancha 1 minute de chaque côté. ¶ Assaisonner de fleur de sel, de coriandre hachée et de piment d'Espelette. ¶ Servir aussitôt. ¶ Ce plat est délicieux tel quel, il est inutile d'y ajouter d'autres ingrédients ; on peut le servir accompagné d'une simple salade de roquette.

ci-contre

Noix de coquilles Saint-Jacques

de haut en bas

> Calamars aux légumes
>
> Seiches à l'aïoli

Calamars aux légumes

Pour 6 personnes

Temps de cuisson : 20 minutes

- 1 kg de calamars
- 2 oignons
- 2 tomates
- 1 poivron vert
- 1 poivron rouge
- 2 gousses d'ail
- sel, poivre
- huile d'olive

Vider, peler et nettoyer soigneusement les calamars à l'eau tiède et les couper en morceaux. ¶ Émincer les oignons et les gousses d'ail. ¶ Épépiner les tomates et les couper en cubes. ¶ Couper les poivrons en dés. ¶ Étaler tous les ingrédients sur la plancha. ¶ Saler et poivrer. ¶ Faire cuire en mélangeant souvent à la spatule pendant 15 à 20 minutes. ¶ En cours de cuisson, verser un filet d'huile d'olive. ¶ Les calamars et les légumes doivent être servis bien dorés.

Petites seiches aux anchois

Seiches à l'aïoli

Pour 6 personnes

Temps de cuisson : 15 minutes

- 6 seiches
- sel
- quelques brins de persil
- sauce aïoli (voir la recette p. 15)

Nettoyer les seiches avec soin. ¶ Faire bouillir de l'eau dans une grande casserole. ¶ Plonger les seiches dans l'eau bouillante pendant 5 minutes. ¶ Les égoutter et bien les sécher. ¶ Faire cuire les seiches entières à la plancha pendant 10 minutes en les retournant de temps en temps. Saler et parsemer de persil haché. ¶ Servir les seiches accompagnées de l'aïoli.

Petites seiches aux anchois

Pour 6 personnes

Temps de cuisson : 10 minutes

- 1 kg de petites seiches
- 2 boîtes de filets d'anchois à l'huile
- 1 cuillère à café de piment d'Espelette
- huile d'olive
- sel

Nettoyer les seiches et les mettre dans un plat. ¶ Ajouter les filets d'anchois grossièrement hachés et un filet d'huile d'olive. ¶ Bien mélanger et laisser macérer pendant un quart d'heure. ¶ Verser le tout sur la plancha et faire cuire pendant une dizaine de minutes en remuant de temps en temps. ¶ Saler très légèrement, saupoudrer de piment d'Espelette et servir.

de haut en bas

> Sardines au vinaigre

> Anchois au gros sel

> Thon aux piments et aux oignons

Sardines au vinaigre

Pour 6 personnes

Temps de cuisson : 8 minutes

- > 30 sardines
- > vinaigre balsamique
- > sel

Vider les sardines sans les écailler. ¶ Les essuyer avec un torchon. ¶ Les faire cuire à la plancha 3 à 4 minutes de chaque côté. ¶ Saler légèrement. ¶ Verser un filet de vinaigre balsamique sur les sardines avant de servir.

Anchois au gros sel

Pour 6 personnes

Temps de cuisson : 6 minutes

- > 1 kg d'anchois
- > gros sel

Vider les anchois sans les écailler. ¶ Dans un saladier, superposer une couche d'anchois et une couche de gros sel, ainsi de suite, et terminer par une couche de gros sel. ¶ Laisser reposer 1/2 heure. ¶ Retirer les anchois du sel et les essuyer un à un avec un torchon. ¶ Les faire cuire à la plancha 3 minutes de chaque côté.

Thon aux piments et aux oignons

Pour 6 personnes

Temps de cuisson : 12 minutes

- > 2 à 3 tranches de thon selon leur grosseur
- > 3 oignons
- > 500 g de petits piments doux
- > sel, poivre

Couper les oignons en tranches fines. ¶ Les petits piments peuvent être cuits entiers. ¶ Si les piments sont trop gros, les couper en deux dans le sens de la longueur et les épépiner. ¶ Faire cuire les tranches de thon à la plancha, 6 minutes de chaque côté.En même temps, poser les piments et les oignons sur la plancha et les faire cuire en les remuant de temps en temps à la spatule. ¶ Saler et poivrer le thon et les légumes. ¶ Servir les tranches de thon recouvertes de piments et d'oignons bien dorés.

Thon mariné à l'orientale

Pour 6 personnes

Temps de cuisson : 12 minutes

> 3 tranches de thon

> marinade orientale (voir la recette p. 13)

Préparer une marinade orientale. ¶ Faire mariner les tranches de thon dans cette 1préparation pendant 2 heures. ¶ Égoutter le poisson et le faire cuire à la plancha 6 minutes de chaque côté. ¶ Cette recette peut être réalisée avec d'autres poissons : merlu, dorade…

Saumon à l'aneth

Pour 6 personnes

Temps de cuisson : 8 minutes

> 3 gros filets ou 6 pavés de saumon

> 1 cuillère à café d'aneth haché

> sel, poivre

> sauce au beurre citronné (voir la recette p. 16)

Faire cuire les morceaux de saumon à la plancha 3 à 4 minutes de chaque côté. ¶ Saupoudrer d'aneth haché. ¶ Saler et poivrer. ¶ Les servir nappés de sauce au beurre citronné.

Saumon mariné

Pour 6 personnes

Temps de cuisson : 8 minutes

> 4 tranches de saumon

> marinade chinoise (voir la recette dans le chapitre des marinades)

Préparer une marinade chinoise et y faire macérer les tranches de saumon pendant 2 heures. ¶ Égoutter le poisson et conserver la marinade. ¶ Faire cuire les tranches de saumon à la plancha 3 à 4 minutes de chaque côté. ¶ Juste avant la fin de la cuisson, arroser le saumon de marinade et servir.

Merlu sauce verte

Pour 6 personnes

Temps de cuisson : 8 minutes

> 6 tranches de merlu

> 1 vingtaine de palourdes

> sauce verte (voir recette p. 17)

Préparer une sauce verte et la conserver au chaud. ¶ Faire cuire les tranches de merlu à la plancha 3 à 4 minutes de chaque côté. ¶ En même temps, faire ouvrir les palourdes sur la plancha. ¶ Mettre le merlu et les palourdes dans un plat et napper le tout de sauce verte.

ci-contre

Merlu sauce verte

ci-dessous

Saumon à l'aneth

Truites au jambon

Truites au jambon

Pour 6 personnes

Temps de cuisson : 10 minutes

> 6 truites

> 6 tranches de jambon serrano

> sel, poivre

Nettoyer et vider les truites. Les saler et les poivrer. ¶ Enrouler une tranche de jambon autour de chaque truite. ¶ Faire cuire les truites à la plancha 5 minutes de chaque côté. ¶ Servir aussitôt.

Rougets aux agrumes

Pour 6 personnes

Temps de cuisson : 8 minutes

> 12 petits rougets

> 2 citrons jaunes

> 2 citrons verts

> 2 oranges

> 1 bouquet d'aneth

> sel, poivre

Couper les agrumes en tranches. ¶ Nettoyer et vider les rougets. ¶ Hacher l'aneth et le mettre dans un plat. ¶ Y rouler les rougets. ¶ Faire cuire les rougets à la plancha 3 à 4 minutes de chaque côté. ¶ Les saler et les poivrer. ¶ À mi-cuisson, mettre les tranches d'agrumes à dorer de chaque côté sur la plancha. ¶ Aligner les tranches d'agrumes dorées sur un plat. ¶ Poser les rougets grillés dessus et servir.

en pages suivantes

Rougets aux agrumes

Médaillons de lotte

Lotte au curry

Pour 6 personnes

Temps de cuisson : 8 minutes

> 600 g de lotte

> sauce au curry (voir la recette p. 17)

Préparer une sauce au curry et la garder au chaud. ¶ Peler la lotte et la couper en gros morceaux. ¶ Faire cuire les morceaux de lotte à la plancha 3 à 4 minutes de chaque côté. ¶ Les dresser dans un plat et les recouvrir de sauce au curry. ¶ Ce plat s'harmonise très bien avec du riz basmati.

Médaillons de lotte

Pour 6 personnes

Temps de cuisson : 6 minutes

> 6 médaillons de lotte

> 6 tranches de bacon

> sel, poivre

Entourer chaque médaillon de lotte d'une fine tranche de bacon et la fixer avec une pique en bois. ¶ Faire cuire les médaillons ainsi bardés 3 minutes de chaque côté. ¶ Saler et poivrer chaque face, et servir.

Espadon au citron vert

Pour 6 personnes

Temps de cuisson : 8 minutes

> 6 tranches d'espadon

> marinade au citron vert (voir la recette p. 13)

> quelques brins de persil

> beurre à l'oignon rose (voir la recette p. 16)

Préparer la marinade et y mettre les tranches d'espadon. ¶ Laisser macérer pendant 1/2 heure. ¶ Égoutter le poisson et le faire cuire à la plancha 3 à 4 minutes de chaque côté. ¶ Quand il est cuit, le dresser sur un plat et le parsemer de persil haché. ¶ Poser une noisette de beurre à l'oignon rose sur chaque tranche et servir.

Parillada de poissons et de crustacés

Parillada de poissons et de crustacés

Pour 6 personnes

Temps de cuisson : 10 minutes

Cette recette consiste à proposer une grande diversité de poissons et de crustacés cuits à la plancha. La liste proposée n'est ni limitative, ni exhaustive : elle dépend des goûts et du marché. C'est un plat unique et copieux.

> 6 sardines
> 6 petites tranches de merlu
> 6 morceaux de lotte
> 6 petites tranches de saumon ou 6 rougets
> 6 gambas
> 12 grosses moules
> aïoli, mayonnaise aux herbes, beurre d'anchois (voir les recettes dans le chapitre des sauces)

Mettre les poissons et les crustacés à cuire à la plancha en commençant toujours par ceux dont la cuisson est plus longue. ¶ Dans notre cas, tous les ingrédients ont à peu près le même temps de cuisson, environ 10 minutes. ¶ Quand les poissons sont cuits et les coquillages ouverts, dresser dans un grand plat et servir. ¶ Proposer à vos convives un aïoli, une mayonnaise aux herbes et un beurre d'anchois.

Viandes

Côtes de bœuf au gros sel

Pour 6 personnes

Temps de cuisson : 16 minutes

> 3 côtes de bœuf
> gros sel
> poivre concassé
> huile

Sortir les côtes de bœuf du réfrigérateur 2 heures avant la cuisson. ¶ Les huiler légèrement et les faire cuire à la plancha 8 minutes de chaque côté. ¶ Quand elles sont cuites, les poser sur un plat, les recouvrir de papier aluminium et les laisser reposer ainsi quelques instants avant de les découper (2 minutes). ¶ Découper les côtes en tranches épaisses perpendiculairement à l'os. ¶ Saler au gros sel et parsemer de grains de poivre concassés. ¶ Servir sans attendre. ¶ Les côtes de bœuf peuvent être accompagnées de tranches de tomates et de champignons cuits à la plancha 2 à 3 minutes de chaque côté.

Entrecôtes sauce crémeuse à l'ail

Pour 6 personnes

Temps de cuisson : 4 minutes

> 6 entrecôtes
> sauce crémeuse à l'ail (voir recette p. 15)
> sel, poivre

Préparer la sauce crémeuse à l'ail et la réserver. ¶ Faire cuire les entrecôtes à la plancha 2 minutes de chaque côté. ¶ Saler et poivrer. ¶ Servir les entrecôtes accompagnées de la sauce crémeuse à l'ail dans une saucière à part. ¶ Les pommes de terre vapeur s'accommodant parfaitement de la sauce crémeuse à l'ail, il est donc recommandé de les servir en accompagnement des entrecôtes.

ci-contre

Côte de bœuf au gros sel

Entrecôtes marinée

Entrecôtes marinées

Pour 6 personnes

Temps de cuisson : 4 minutes

> 6 entrecôtes
> 1 oignon
> 2 échalotes
> 2 gousses d'ail
> marinade piquante (voir recette p. 13)
> huile d'olive
> sel

Préparer une marinade piquante. ¶ Enduire les entrecôtes de cette marinade et laisser reposer 1 heure. ¶ Égoutter et essuyer les entrecôtes. ¶ Émincer l'ail, les échalotes et l'oignon. Les mettre dans un bol et les arroser d'un filet d'huile d'olive. ¶ Faire cuire les entrecôtes à la plancha 2 minutes de chaque côté. ¶ En même temps, et à côté de la viande, faire cuire le mélange d'ail, d'échalotes et d'oignon, puis le déposer sur les entrecôtes. ¶ Saler et servir.

Tournedos sauce roquefort

Pour 6 personnes

Temps de cuisson : 10 minutes

> 6 tournedos
> 6 endives
> sauce roquefort (voir recette p. 15)

Préparer une sauce au roquefort et la garder au chaud. ¶ Émincer les endives dans le sens de la longueur. ¶ Faire cuire en même temps les endives émincées et les tournedos environ 5 minutes de chaque côté. ¶ Saler et poivrer. ¶ Servir les tournedos et les endives nappés de sauce au roquefort.

Saltimbocas

Pour 6 personnes

Temps de cuisson : 10 minutes

Il s'agit d'une recette italienne qui s'exécute très bien à la plancha.

> 6 escalopes de veau
> 6 tranches fines de jambon de Parme
> 12 feuilles de sauge
> sel, poivre
> sauce tomate piquante (voir la recette p. 16)

Aplatir les escalopes avec un maillet ou un rouleau à pâtisserie et les couper en deux. ¶ Faire de même avec les tranches de jambon. ¶ Poser une demi-tranche de jambon sur chaque demi-escalope, puis une feuille de sauge. ¶ Maintenir le tout à l'aide d'une pique en bois. ¶ Les poser bien à plat sur la plancha et faire cuire 4 à 5 minutes de chaque côté. ¶ Saler, poivrer et servir. ¶ Ce plat peut être accompagné de sauce tomate piquante.

> Saltimboca

> Tendrons de veau au piment d'Espelette

Hamburgers

Pour 6 personnes

Temps de cuisson : 7 minutes

> 1 kg de viande de bœuf hachée
> 3 oignons
> 3 tomates
> 3 gros cornichons
> 1 petit bouquet de persil
> 1 laitue
> 6 pains à hamburger
> ketchup ou sauce BBQ (voir la recette p. 15)
> mayonnaise
> sel, poivre

Laver la laitue et réserver 6 feuilles. ¶ Mettre la viande hachée dans un saladier. ¶ Ajouter le persil et un oignon très finement hachés. ¶ Saler, poivrer et bien mélanger. ¶ Constituer 6 steaks. ¶ Couper les tomates et les oignons en tranches. ¶ Poser les pains coupés en deux côté mie sur la plancha pendant 1 minute. ¶ Les retirer et les réserver. ¶ Faire cuire les steaks à la plancha 3 minutes de chaque côté. ¶ À mi-cuisson des steaks, poser les tranches de tomate et d'oignon sur la plancha. ¶ Quand tout est cuit, étaler 6 moitiés de pain sur un plateau. ¶ Poser une feuille de laitue, un steak, des rondelles de cornichons et des tranches de tomate et d'oignon. ¶ Ajouter une cuillère à café de ketchup ou de sauce BBQ, une cuillère à café de mayonnaise et recouvrir de la seconde moitié de pain. ¶ Servir avec des frites.

Tendrons de veau au piment d'Espelette

Pour 6 personnes

Temps de cuisson : 10 minutes

> 12 tendrons de veau
> 1 cuillère à café de piment d'Espelette en poudre
> sel

Faire cuire les tendrons de veau à la plancha 5 minutes de chaque côté. ¶ En cours de cuisson, saupoudrer chaque côté de piment d'Espelette en poudre. ¶ Saler et servir. ¶ Une simple purée de pommes de terre accompagnera parfaitement ce plat.

Foie de veau au vinaigre de Jerez

Pour 6 personnes

Temps de cuisson : 6 minutes

> 6 tranches de foie de veau
> 3 oignons
> 1 bouquet de persil
> sel, poivre
> vinaigre de Jerez

Émincer très finement les oignons et hacher le persil. ¶ Parsemer les tranches de foie de persil haché. ¶ Faire cuire à la plancha en même temps les tranches de foie et les oignons émincés pendant 5 à 6 minutes. ¶ Saler les oignons et les retourner fréquemment. ¶ Retourner les tranches de foie à mi-cuisson. ¶ Mettre les tranches de foie dans un plat et les recouvrir d'oignons bien dorés. ¶ Arroser le tout d'un filet de vinaigre de Jerez et servir.

Côtes de porc au rhum

Pour 6 personnes

Temps de cuisson : 10 minutes

> 6 côtes de porc
> 1 verre de rhum
> 4 pommes
> 1 cuillère à café de gingembre râpé
> sel, poivre

Faire macérer les côtes de porc dans le rhum pendant 5 heures. ¶ Les égoutter et les essuyer. ¶ Peler les pommes, les évider et les couper en quartiers. ¶ Faire cuire les côtes de porc et les quartiers de pomme à la plancha en même temps pendant environ 10 minutes. Retourner les côtes de porc à mi-cuisson. ¶ Quand les pommes sont bien dorées, saupoudrer de gingembre râpé. ¶ Saler et poivrer la viande. Servir les côtes de porc accompagnées des quartiers de pomme au gingembre.

Côtes de porc au tabasco

Pour 6 personnes

Temps de cuisson : 10 minutes

> 6 côtes de porc
> 3 gousses d'ail
> 1 trentaine de pruneaux
> 1 verre de vin blanc
> tabasco
> sel

Mettre le vin blanc dans un saladier. ¶ Ajouter un verre d'eau tiède. ¶ Faire tremper les pruneaux dans cette préparation pendant 1/2 heure. ¶ Égoutter les pruneaux et les réserver. ¶ Peler les gousses d'ail. ¶ Frotter chaque face des côtes de porc avec l'ail pelé. ¶ Les enduire de quelques gouttes de tabasco. ¶ Faire cuire les côtes de porc ainsi préparées à la plancha 5 minutes de chaque côté. ¶ À mi-cuisson, mettre les pruneaux sur la plancha et les faire chauffer en les retournant une fois. ¶ Servir les côtes de porc accompagnées des pruneaux.

Boulettes de mouton au cumin et à la coriandre

Pour 6 personnes

Temps de cuisson : 12 minutes

> 500 g de viande hachée de mouton
> 100 g de graisse hachée de mouton (graisse de rognons)
> 1 cuillère à café de *ras el hanout* (mélange d'épices)
> 1 cuillère à café de cumin
> 1 cuillère à café de piment doux
> 1 pincée de piment fort
> 1 oignon
> 1 bouquet de coriandre
> sel

Mélanger soigneusement la viande et la graisse hachée, le sel, la coriandre hachée, les épices et l'oignon finement haché. ¶ Pétrir le mélange pendant quelques minutes et laisser reposer pendant une 1/2 heure. ¶ Se mouiller les mains et faire des boulettes de la grosseur d'un œuf. Ne pas hésiter à se mouiller souvent les mains, afin que le hachis soit moins collant. ¶ Aplatir les boulettes et les faire cuire à la plancha 5 à 6 minutes de chaque côté. ¶ Servir les boulettes bien cuites.

Côtes de porc au rhum

Lomo aux poivrons

Lomo aux poivrons

Pour 6 personnes

Temps de cuisson : 10 minutes

> 12 tranches de *lomo* (filet de porc) très fines
> 3 gros poivrons rouges
> 5 gousses d'ail
> 2 branches de thym
> 2 feuilles de laurier
> huile d'olive
> sel, poivre

Disposer les tranches de filet de porc dans un plat, puis parsemer de feuilles de laurier coupées en petits morceaux, de deux gousses d'ail hachées et de thym effeuillé. ¶ Recouvrir d'un filet d'huile d'olive et laisser reposer 2 heures. ¶ Laver les poivrons, les équeuter et retirer les graines. ¶ Les découper en lanières. ¶ Mettre les lanières de poivrons à cuire à la plancha en les remuant fréquemment pendant une dizaine de minutes. ¶ À mi-cuisson, faire cuire les tranches de porc égouttées 3 minutes de chaque côté. ¶ Saler et poivrer. ¶ En même temps que la viande, faire dorer 3 gousses d'ail émincées. ¶ Servir la viande bien dorée recouverte d'ail et accompagnée des poivrons rouges.

Porc mariné

Pour 6 personnes

Temps de cuisson : 20 minutes

> 1 kg de filet de porc
> 2 oignons
> marinade exotique (voir la recette p. 11)
> riz blanc

Préparer une marinade exotique. ¶ Couper le filet de porc en cubes. ¶ Faire macérer le porc dans la marinade pendant 2 heures avant la cuisson. ¶ Égoutter les morceaux de porc et les faire cuire à la plancha. ¶ Les retourner et les arroser de marinade fréquemment. ¶ La cuisson doit durer environ une vingtaine de minutes. ¶ À mi-cuisson, ajouter les oignons finement émincés et les mélanger aux morceaux de porc. ¶ Terminer la cuisson jusqu'à ce que le porc et les oignons soient bien caramélisés. ¶ Servir avec du riz blanc.

Saucisses à l'italienne

Saucisses à l'italienne

Pour 6 personnes

Temps de cuisson : 16 minutes

> 600 g de saucisse de porc fine

> sauce BBQ (voir la recette p. 15)

Enrouler la saucisse à plat comme un escargot et la maintenir avec de longues brochettes en bois. ¶ La piquer à plusieurs endroits avec une fourchette, puis la poser délicatement sur la plancha. ¶ Au bout de 8 minutes de cuisson, la retourner délicatement à l'aide des brochettes. ¶ Faire cuire l'autre face pendant 8 minutes de plus. ¶ Servir la saucisse accompagnée de sauce BBQ.

Filet mignon bardé

Pour 6 personnes

Temps de cuisson : 10 minutes

> 2 petits filets mignons

> 12 tranches de poitrine fumée

> herbes de Provence

> poivre

Couper les filets en 12 médaillons assez épais. ¶ Les rouler dans les herbes de Provence. ¶ Enrouler une tranche de poitrine fumée autour de chaque médaillon et la maintenir avec une pique en bois plantée dans l'épaisseur de la viande, de part en part. ¶ Faire cuire les médaillons ainsi parés à la plancha 5 minutes de chaque côté en les retournant souvent. ¶ Les saler et les servir bien cuits.

en pages suivantes

Filet mignon bardé

Ribs

Pour 6 personnes

Temps de cuisson : 20 minutes

> 1 kg de travers de porc
> 1 cuillère à soupe d'huile
> 1 cuillère à café de concentré de tomates
> 2 cuillères à soupe de sauce Worcestershire
> 2 cuillères à soupe de sucre ou de miel
> 1 cuillère à soupe de sauce de soja
> 1 pincée de piment de Cayenne en poudre
> 2 gousses d'ail
> sel, poivre

Découper les travers de porc en morceaux. ¶ Chaque morceau doit comporter un ou deux os maximum. ¶ Mélanger l'huile, le concentré de tomates, la sauce Worcestershire, le sucre ou le miel, la sauce de soja, les gousses d'ail écrasées au presse-ail, le piment, le sel et le poivre. ¶ Faire macérer les travers de porc dans cette marinade pendant 4 heures. ¶ Les égoutter et les faire cuire à la plancha pendant une vingtaine de minutes en les retournant et en les enduisant fréquemment de marinade. ¶ Servir les ribs bien grillés.

>Ribs

>Rognons de mouton

Rognons de mouton

Pour 6 personnes

Temps de cuisson : 10 minutes

> 6 rognons de mouton
> marinade au vin rouge (voir la recette p. 13)
> 50 g de beurre
> sel, poivre

Ôter la pellicule des rognons et les fendre en deux sans les détacher complètement : les deux moitiés doivent rester attachées par la membrane. ¶ Faire macérer les rognons dans la marinade au vin rouge pendant 4 heures. ¶ Les égoutter et les essuyer soigneusement. ¶ Saler, poivrer et beurrer les rognons. ¶ Les faire cuire à la plancha 5 minutes de chaque côté. ¶ Pour obtenir des rognons rosés, le temps de cuisson peut être réduit.

Tranches de gigot au thym

Pour 6 personnes

Temps de cuisson : 4 minutes

> 6 tranches de gigot de mouton
> 3 branches de thym
> huile d'olive
> sel, poivre

Enduire légèrement les tranches de gigot de mouton d'huile d'olive. Parsemer de thym effeuillé. ¶ Les faire cuire 2 minutes de chaque côté. ¶ Saler et poivrer. ¶ Servir les tranches de gigot rosées.

Tranches de gigot au thym

Côtes d'agneau à l'ail

Jambon à l'ananas

Pour 6 personnes

Temps de cuisson : 6 minutes

> 6 tranches de jambon blanc épaisses
> 6 tranches d'ananas frais ou au sirop
> sel, poivre

Faire dorer les tranches d'ananas 1 minute de chaque côté à la plancha. ¶ Entailler chaque tranche de jambon dans l'épaisseur de la chair. ¶ Glisser une tranche d'ananas dans la fente ainsi obtenue. ¶ Fermer à l'aide d'une pique en bois. ¶ Faire cuire les tranches de jambon 2 minutes de chaque côté. ¶ Saler et poivrer. ¶ Servir sans autre accompagnement.

Côtes d'agneau à l'ail

Pour 6 personnes

Temps de cuisson : 4 minutes

> 18 petites côtes d'agneau
> marinade à l'ail et à l'huile d'olive (voir la recette p. 12)

Préparer une marinade à l'ail et à l'huile d'olive. ¶ Faire macérer les côtes d'agneau dans cette préparation pendant 3 heures. ¶ Les égoutter et les faire cuire à la plancha 4 minutes de chaque côté. ¶ Elles doivent être bien cuites de façon à ce que la partie grasse qui les entoure soit bien croustillante.

Volailles

Poulet churrasco

Blancs de poulet au citron

Poulet churrasco

Pour 6 personnes

Temps de cuisson : 25 minutes

> 1 poulet
> 1 cuillère à café de paprika
> 2 pincées de piment de Cayenne
> 2 gousses d'ail
> 3 cuillères à soupe d'huile d'olive
> 3 cuillères à soupe de vinaigre
> sel

Mélanger l'huile, le vinaigre, le paprika, le piment de Cayenne et le sel. ¶ Découper le poulet en morceaux. ¶ Le frotter d'ail et l'enduire généreusement de marinade, puis le laisser reposer pendant 1 heure. ¶ Faire cuire les morceaux de poulet à la plancha pendant 20 à 25 minutes en les retournant fréquemment. ¶ Les servir bien grillés.

Blancs de poulet à la persillade

Pour 6 personnes

Temps de cuisson : 7 minutes

> 6 blancs de poulet
> 2 gousses d'ail
> 1 petit bouquet de persil
> huile d'olive
> sel, poivre

Couper les blancs de poulet en lanières et les arroser d'un filet d'huile d'olive. ¶ Hacher l'ail et le persil. ¶ Rouler les lanières de poulet dans ce hachis, puis les faire cuire à la plancha en les retournant souvent pendant 6 à 7 minutes. ¶ Saler et poivrer. ¶ Servir bien chaud.

ci-contre

Ailes de poulet au miel

Blancs de poulet au citron

Pour 6 personnes

Temps de cuisson : 10 minutes

> 6 blancs de poulet
> 4 citrons
> 2 oignons
> 1 branche de céleri
> sel, poivre

Mettre les blancs de poulet dans un plat. ¶ Ajouter les oignons coupés en rondelles et la branche de céleri fendue et coupée en tronçons. ¶ Arroser du jus de 2 citrons. ¶ Laisser macérer pendant 2 heures. ¶ Retirer le céleri et égoutter le poulet et les oignons. ¶ Couper les 2 citrons restants en tranches. ¶ Faire cuire les blancs de poulet pendant 4 à 5 minutes de chaque côté. ¶ À mi-cuisson, faire cuire les rondelles d'oignon et les tranches de citron en les retournant 1 à 2 fois. ¶ Servir les blancs de poulet recouverts de rondelles d'oignon et de tranches de citron bien dorées.

Blancs de poulet à la persillade

Coquelets en crapaudine

Magrets de canard

Coquelets en crapaudine

Pour 6 personnes

Temps de cuisson : 25 minutes

> 3 coquelets
> 2 cuillères à café d'estragon haché
> huile d'olive
> sel

Découper les coquelets dans le sens de la longueur, du croupion au cou, entre les 2 blancs. ¶ Les ouvrir et les aplatir légèrement. ¶ Les huiler et les saler. ¶ Poser les coquelets ainsi apprêtés sur la plancha. ¶ Faire cuire les coquelets en les retournant fréquemment pendant 25 minutes. ¶ Quelques minutes avant la fin de la cuisson, parsemer chaque côté des coquelets d'estragon haché.

Blancs de poulet au curry

Pour 6 personnes

Temps de cuisson : 10 minutes

> 6 blancs de poulet
> 2 gousses d'ail
> sel, poivre
> sauce au curry (voir la recette p. 17)

Préparer une sauce au curry et la garder au chaud. ¶ Aplatir les blancs de poulet et les entailler légèrement au couteau. ¶ Les frotter à l'ail, puis les faire cuire à la plancha 4 à 5 minutes de chaque côté. ¶ Saler et poivrer. ¶ Servir les blancs de poulet nappés de sauce au curry.

Ailes de poulet au miel

Pour 6 personnes

Temps de cuisson : 15 minutes

> 18 ailes de poulet
> marinade au miel (voir la recette p.12)

Préparer une marinade au miel. ¶ Enduire généreusement les ailes de poulet de cette préparation et laisser mariner 2 heures. ¶ Faire cuire les ailes de poulet à la plancha pendant 1/4 d'heure en les retournant fréquemment. ¶ Aplatir les ailes de poulet pour que chaque face soit en contact avec la plancha. ¶ Les servir caramélisées.

Magrets de canard

Pour 6 personnes

Temps de cuisson : 10 minutes

> 3 magrets
> sel, poivre

Entailler profondément les magrets côté peau, dans le sens de la longueur. ¶ Les ouvrir en deux, de façon à ce qu'une bande de gras (peau) soit de chaque côté du morceau de viande. Quadriller le gras au couteau. ¶ La partie maigre se retrouve au milieu, bardée de partie grasse de part et d'autre. ¶ Les faire cuire 5 minutes de chaque côté. ¶ Quand ils sont cuits, les découper en tranches assez épaisses. ¶ Saler, poivrer et servir aussitôt.

Foie gras

Pour 6 personnes

Temps de cuisson : 4 minutes

> 1 foie gras frais de canard
> farine
> fleur de sel
> poivre concassé

Couper le foie de canard en escalopes de 1 cm d'épaisseur. ¶ Fariner légèrement les escalopes de foie. ¶ Poser délicatement les escalopes sur la plancha et les faire cuire 2 minutes de chaque côté. ¶ Poser les escalopes de foie sur un plat. ¶ Assaisonner de fleur de sel et de poivre concassé. ¶ Servir aussitôt.

Aiguillettes de canard au basilic

Pour 6 personnes

Temps de cuisson : 6 minutes

> 18 aiguillettes de canard
> 1 bouquet de basilic
> sel, poivre
> marinade au basilic (voir la recette p.13)

Préparer une marinade au basilic. ¶ Laisser macérer les aiguillettes dans cette préparation pendant 2 heures. ¶ Bien les égoutter et les faire cuire à la plancha 3 minutes de chaque côté. ¶ Saler et poivrer. ¶ Les mettre dans un plat et décorer avec des feuilles de basilic fraîches. ¶ Les aiguillettes doivent être servies rosées.

Cœurs de canard

Pour 6 personnes

Temps de cuisson : 8 minutes

> 1 trentaine de cœurs de canard
> 3 petits piments séchés
> vinaigre doux
> piment d'Espelette
> sel, poivre

Ouvrir les cœurs de canard en deux et retirer les filaments. ¶ Hacher grossièrement les piments séchés et en parsemer les cœurs. ¶ Les faire cuire à la plancha en les retournant souvent à la spatule pendant 6 à 8 minutes suivant le degré de cuisson recherché. ¶ Ils peuvent être servis légèrement rosés ou bien cuits. ¶ Saler et saupoudrer de piment d'Espelette en fin de cuisson. ¶ Juste avant de servir arroser d'un bon filet de vinaigre. ¶ Bien mélanger et servir. ¶ Ce plat peut aussi être proposé en tapas à l'apéritif.

Lapin aux herbes

Pour 6 personnes

Temps de cuisson : 30 minutes

> 3 jeunes lapins
> herbes de Provence
> 3 gousses d'ail
> 3 cuillères à soupe de vinaigre
> sel, poivre

Fendre les lapins en deux dans le sens de la longueur. ¶ Les frotter à l'ail, face intérieure et face extérieure. ¶ Les huiler et les saupoudrer d'herbes de Provence. ¶ Saler et poivrer. ¶ Faire cuire les lapins à la plancha une quinzaine de minutes de chaque côté, en les retournant fréquemment. ¶ En fin de cuisson, arroser de vinaigre et servir.

Lapin au cumin

Pour 6 personnes

Temps de cuisson : 20 minutes

> 2 lapins
> 2 cuillères à café de cumin
> sel, poivre

Couper les lapins en morceaux. ¶ Les faire cuire à la plancha pendant une vingtaine de minutes en les retournant fréquemment. ¶ En milieu de cuisson, saupoudrer uniformément de cumin, saler et poivrer. ¶ Terminer la cuisson et servir.

Cœurs de canards

Lapin au cumin

Desserts

Bananes alcoolisées

Ananas au rhum

Pour 6 personnes

Temps de cuisson : 4 minutes

> 1 ananas

> 1 verre de rhum

> sucre en poudre

Couper l'ananas en tranches sans le peler. ¶ Faire mariner les tranches d'ananas dans le rhum pendant 1/2 heure. ¶ Les égoutter et les saupoudrer de sucre. ¶ Les poser sur la plancha et les faire cuire 2 minutes de chaque côté. ¶ Laisser tiédir avant de servir.

Bananes alcoolisées

Pour 6 personnes

Temps de cuisson : 20 minutes

> 6 bananes

> 20 cl d'alcool au choix (cognac, rhum, alcool de fruits…)

> sucre en poudre

> cannelle en poudre

À l'aide d'une grosse seringue, injecter de l'alcool dans les bananes à travers la peau, à plusieurs endroits. ¶ Les poser sur la plancha et les faire cuire pendant une vingtaine de minutes en les retournant de temps en temps. ¶ Les ouvrir en deux dans le sens de la longueur. ¶ Saupoudrer de cannelle, de sucre et servir.

ci-contre

Ananas au rhum

Brochette de fruits

Brochettes de fruits

Pour 6 personnes

Temps de cuisson : 4 minutes

> 1 orange
> 1 pamplemousse
> 1 pomme
> 1 poire
> 1 banane
> 6 tranches d'ananas
> 1 mangue
> sucre en poudre
> crème chantilly

Peler l'orange, le pamplemousse, la banane et la mangue. ¶ Couper tous les fruits en cubes d'équivalente grosseur. ¶ Piquer les morceaux de fruits sur 6 brochettes. ¶ Saupoudrer légèrement de sucre. ¶ Faire cuire les brochettes de fruits à la plancha 2 minutes de chaque côté. ¶ Servir tiède avec une crème chantilly.

Galettes au beurre et au citron

Pour 6 personnes

Temps de cuisson : 4 minutes

> 200 g de farine de maïs
> 1/2 cuillère à café de sel
> 15 cl d'eau
> 60 g de beurre
> 6 cuillères à café de sucre
> 3 citrons

Mettre la farine et le sel dans un saladier. ¶ Mouiller peu à peu avec l'eau tiède. ¶ Pétrir longuement à la main jusqu'à obtenir une pâte souple. ¶ Faire une boule et la couvrir. ¶ Laisser reposer pendant 1 heure. ¶ Partager la pâte en 6 boules égales. ¶ Aplatir chaque boule à l'aide d'un rouleau à pâtisserie sur un plan de travail fariné. ¶ Vous devez obtenir des galettes de 10 à 15 cm de diamètre. ¶ Faire cuire les galettes à la plancha 2 minutes, puis les retourner. ¶ Déposer une noisette de beurre sur chaque galette. ¶ Dès qu'il fond, saupoudrer les galettes de sucre. ¶ Laisser sur la plancha 2 minutes de plus. ¶ Arroser de jus de citron et servir.

Tostadas

Tostadas

Pour 6 personnes

Temps de cuisson : 3 minutes

> 6 tranches de pain de mie
> 6 pruneaux hachés
> 6 cuillères à café de noix concassées
> 6 cuillères à café d'amandes effilées
> 6 cuillères à café de miel
> 60 g de beurre

Beurrer les tranches de pain de mie de chaque côté. ¶ Les poser sur la plancha pendant 1 minute, puis les retourner. ¶ Étaler une cuillère à café de miel sur chaque tranche. ¶ Recouvrir les tranches de pain de pruneaux hachés, de noix concassées et d'amandes effilées. ¶ Laisser chauffer 2 minutes et servir.

Table des matières

REMERCIEMENTS
L'auteur et l'éditeur adressent leurs plus vifs remerciements à :
– Guy Cours, de la société LE MARQUIER, RN 117, 40390 Saint-Martin-de-Seignanx. Tél. : 05 59 56 57 22 Fax : 05 59 56 10 79 pour les photographies des pages 2, 4, 5, 8. Site internet : www.lemarquier.com,
– Jacques, du restaurant La Cucaracha, à Bidart,
– Daniel, du restaurant Rancho Grande à Tudela.

 Ce livre a été imprimé par Pollina à Luçon (85) – France.
Photogravure de Photogravure d'Aquitaine à Bordeaux (33).
ISBN : 2.87901.525.1 – Éditeur : 1481.10.05.10.06 – N° d'impression : L41710